magic Bingo

4	9	2
3	5	7
8	1	6

magic BINGO

magic BINGO

magic BINGO

magic BINGO

magic BINGO

magic BINGO

magic BINGO

magic BINGO

	5	
		6

magic Bingo

magic Bingo
magic Bingo
magic Bingo
magic Bingo
magic Bingo
magic Bingo
magic Bingo

4		
	5	

magic BINGO

magic BINGO

magic BINGO

magic BINGO

magic BINGO

magic BINGO

magic BINGO

magic BINGO

magic BINGO

magic BINGO

magic BINGO

magic BINGO

magic BINGO

		2
	5	

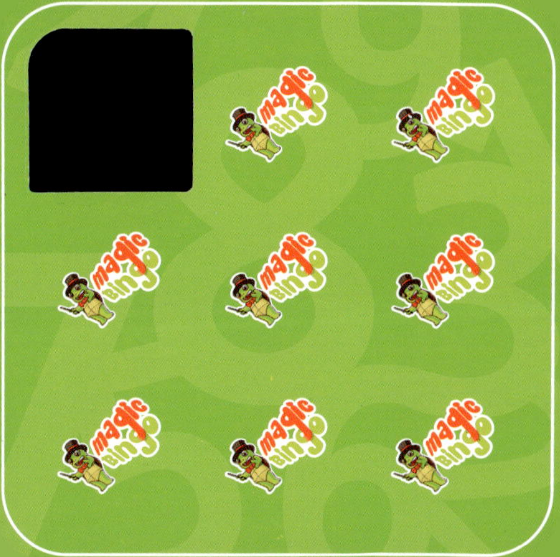
magic BINGO
magic BINGO
magic BINGO
magic BINGO
magic BINGO
magic BINGO
magic BINGO
magic BINGO

	5	
8		

magic BINGO

magic BINGO
magic BINGO
magic BINGO
magic BINGO
magic BINGO
magic BINGO
magic BINGO

2

6

magic BINGO

magic BINGO
magic BINGO
magic BINGO
magic BINGO
magic BINGO
magic BINGO
magic BINGO

7

6

magic BINGO

magic BINGO

magic BINGO

magic BINGO

magic BINGO

magic BINGO

[redacted]

magic BINGO

magic BINGO

2

7

magic BINGO

magic Bingo

magic Bingo
magic Bingo
magic Bingo
magic Bingo
magic Bingo
magic Bingo
magic Bingo

magicBingo 38

5

1

magic BINGO
magic BINGO
magic BINGO
magic BINGO
magic BINGO
magic BINGO
magic BINGO
[redacted]
magic BINGO

9

5

magic BINGO
magic BINGO
magic BINGO
magic BINGO
magic BINGO
magic BINGO
magic BINGO
magic BINGO

3

8

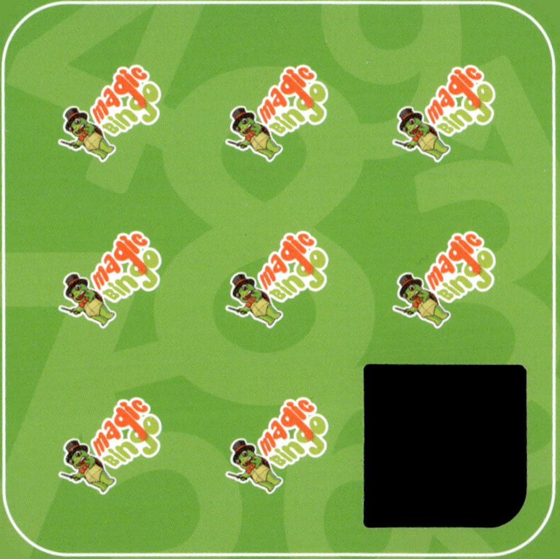
magic Bingo
magic Bingo
magic Bingo
magic Bingo
magic Bingo
magic Bingo
magic Bingo
magic Bingo

4

3

magic BINGO
magic BINGO
magic BINGO
magic BINGO
magic BINGO
magic BINGO
magic BINGO
magic BINGO

8 6

magic BINGO magic BINGO magic BINGO

magic BINGO magic BINGO magic BINGO

magic BINGO magic BINGO [redacted]

1 6

magic Bingo

magic Bingo

magic Bingo

magic Bingo

magic Bingo

magic Bingo

magic Bingo

magic Bingo

8 1 [redacted]

magic BINGO

magic BINGO
magic BINGO
magic BINGO
magic BINGO
magic BINGO
magic BINGO
magic BINGO

magicBingo (28)

3 5

magic BINGO

magic BINGO

magic BINGO

magic BINGO

magic BINGO

magic BINGO

magic BINGO

magic BINGO

4 2

magic Bingo
magic Bingo
magic Bingo
magic Bingo
magic Bingo
magic Bingo
magic Bingo
magic Bingo

<u>9</u> 2

magic Bingo

magic Bingo
magic Bingo
magic Bingo
magic Bingo
magic Bingo
magic Bingo
magic Bingo

4 9

magic
Bingo

		7

magic Bingo

		7

magic
Bingo

	1	

magic
Bingo

1

magic Bingo

magicBingo ⑳

9

magic
Bingo

9

magic
Bingo

3		

magic
Bingo

3		

magic
Bingo

	5	

magic
Bingo

magicBingo ⑮

	5	

magic
Bingo

5

magic
Bingo

	5	

magic
Bingo

magicBingo ⑫

6

magic
Bingo

magicBingo ⑪

6

magic
Bingo

6

magic
Bingo

8

magic
Bingo

8

magic Bingo

magicBingo ⑦

8

magic
Bingo

4

4		

magic
Bingo

4

magic Bingo

4

magic
Bingo

		2

magic
Bingo

2

magic
Bingo

magicBingo ①

2